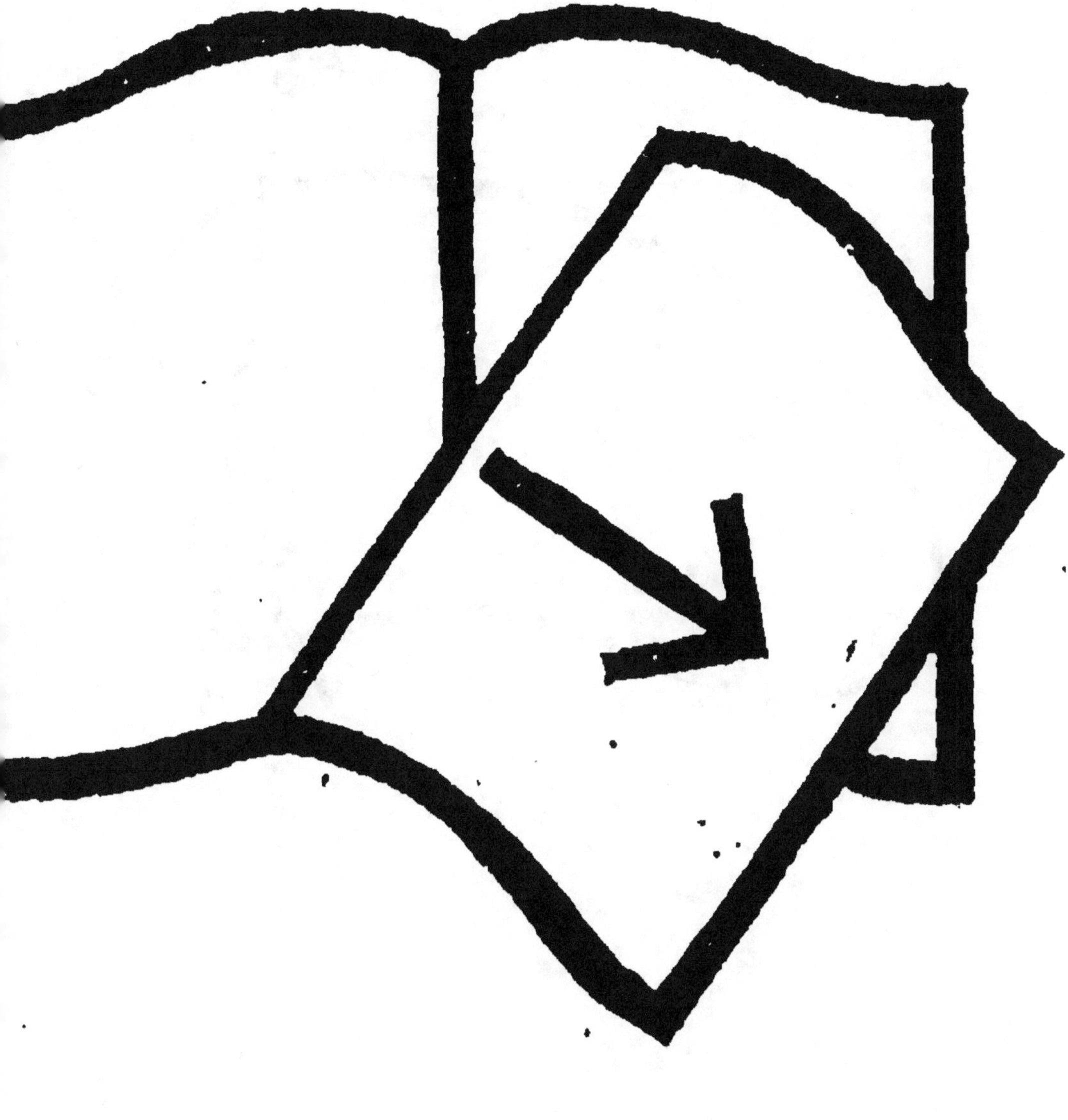

Couverture inférieure manquante

Début d'une série de documents
en couleur

HISTOIRE

DE LA

CAISSE D'ESCOMPTE

1776 à 1793,

PAR M. J.-B.-Léon SAY.

(Extrait des Séances et Travaux de l'Académie de Reims).

REIMS,

P. REGNIER, IMPRIMEUR DE L'ACADÉMIE.

1848.

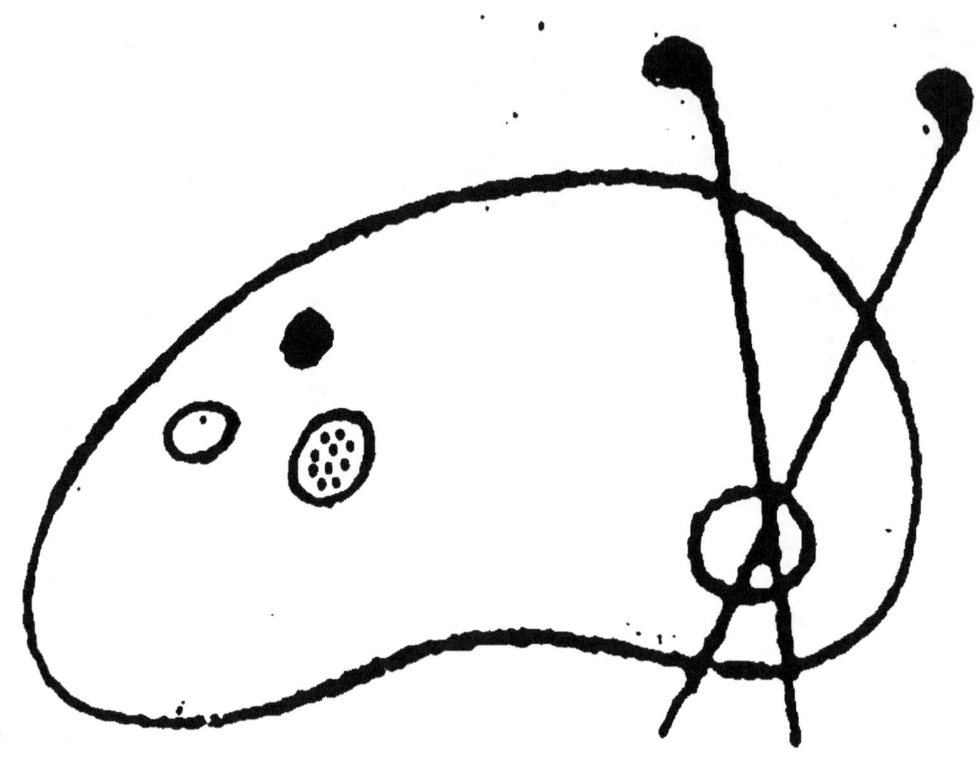

Fin d'une série de documents
en couleur

HISTOIRE

DE LA

CAISSE D'ESCOMPTE

1776 à 1793,

PAR M. J.-B.-LÉON SAY.

(Extrait des Séances et Travaux de l'Académie de Reims).

REIMS

IMPRIMERIE DE P. REGNIER.

HISTOIRE

DE LA

CAISSE D'ESCOMPTE,

1776 à 1793.

—

On a souvent confondu le billet de confiance et le papier-monnaie, et par conséquent on a attribué aux uns les inconvénients comme les avantages des autres.

L'ignorance de leur véritable nature a fait rendre par les rois de l'ancienne monarchie les édits les plus contradictoires sur les billets au porteur.

Tantôt ils enlèvent aux particuliers le droit de les émettre et tantôt ils le leur rendent, selon qu'ils les considèrent comme une monnaie que le roi seul a le droit de frapper, ou comme un engagement que les particuliers doivent être libres de contracter sous cette forme comme sous une autre.

En 1604, les marchands s'étant plaint vivement des fraudes qu'ils facilitaient aux banqueroutiers, un arrêt du parlement intervint qui les prohiba entièrement.

Plus tard, Louis XIV ayant publié la grande ordonnance sur le commerce de 1673, et ayant gardé un silence complet sur cette matière, on considéra qu'on était revenu au droit commun, et comme la négation d'un droit naturel ne se présume pas, la jurisprudence établit qu'ils étaient autorisés.

Le Gouvernement lui-même, reconnaissant la facilité qu'ils donnaient de se procurer l'argent si nécessaire au faste du grand roi, en lança un grand nombre dans la circulation sous le nom de billets d'état.

Ils augmentèrent avec les fautes et les revers qui signalèrent la fin de ce règne si pompeux, et, en 1716, à la mort de Louis XIV, ils étaient si considérables en nombre et en valeur, qu'on chercha tous les moyens de couvrir ce honteux déficit.

Ce fut alors que Law fonda son fameux système. Il obtint un privilége, et pour le sanctionner (mai 1716), il fit rendre un édit qui défendit à tout sujet du roi d'émettre et de répandre des billets au porteur.

Lorsque la banque tomba, le monopole s'évanouit, et un nouvel édit de 1721 vint rendre aux citoyens leur capacité.

Quoique la liberté fut cômplète en 1776, et que chacun eut le droit d'émettre des billets au porteur; payables à vue, néanmoins, aucune société commerciale par action ne pouvait s'établir sans être autorisée préalablement par un arrêt du conseil du roi. Les statuts devaient être homologués, et dès lors la compagnie n'avait plus le droit de s'en écarter. Chaque nouvelle décision des actionnaires devait être sanctionnée par le roi.

MM. Panchaud et Clonard, l'un suisse et l'autre écossais, ayant conçu le plan de la caisse d'escompte, et ayant réuni les fonds nécessaires, sollicitèrent l'autorisation royale. Ils l'obtinrent le 24 mars 1776 sous le ministère de Turgot.

La caisse escomptait les lettres de change et les autres effets commerçables admis à l'escompte par le choix des administrateurs, à un taux d'intérêt qui ne pouvait dans aucun cas excéder 4 % l'an.

Elle faisait le commerce des matières d'or et d'argent,

Se chargait en recette et dépense des deniers des particuliers qui désiraient avoir un compte ouvert chez elle, sans pouvoir exiger d'eux aucune commission sous quelque dénomination que ce puisse être.

Les actionnaires étaient associés en commandite ; 15 millions formaient le fonds social divisés en 5,000 actions de 3,000 fr. chacune ; 5 étaient consacrés aux opérations de la caisse ; les 10 autres, destinés à former la garantie de ses engagements, devaient être déposés au trésor royal avant le 1er juin 1776.

Le cautionnement était considéré comme un prêt fait à l'état, remboursable en treize années avec les intérêts par paiements de 500,000 livres tous les six mois, à partir du 1er décembre 1776, jusques et y compris le 1er juin 1789.

La direction de la caisse avait été confiée à M. Panchaud ; les débuts ne furent pas heureux. On se souvenait encore de la terrible crise où la banque de Law avait jeté la France ; encore comme toujours on ne distinguait pas les billets de confiance des papiers-monnaie.

Les capitaux se resserrèrent, les effets ne vinrent pas à l'escompte ; les opérations languirent. Le mois de juin arriva, et 2 millions seulement avaient été versés au trésor.

Les directeurs sollicitèrent alors d'être dispensés de leur cautionnement. « Une banque, disaient-ils, possède toujours dans son portefeuille la représentation de son passif. Il est impossible de perdre avec elle autre chose que du temps. » Clugny qui venait de succéder à Turgot ne résista pas à leurs prières ; il leur accorda la dispense, et même fit rembourser les 2 millions précédemment versés.

Cet arrêt autorisa divers changements opérés dans la constitution de la société.

Le capital fut fixé à 12 millions de livres divisées en 4,000 actions de 3,000 livres, numérotées de 1 à 4,000, signées par le caissier et contrôlées par deux administrateurs.

1,500 actions devaient être réservées. Le capital fut donc réduit à 7,500,000 livres. Grâce à cette réorganisation, la caisse put se soutenir et vivre.

Au mois de janvier 1777, parurent les premiers billets de caisse.

Mais les concessions que la compagnie avait été obligée de demander au gouvernement, l'inconstance de son administration, deux fois bouleversée en quelques mois, n'étaient pas de nature à consolider son crédit; aussi voyons-nous que, dans les quinze mois qui suivirent, la circulation de ses billets ne dépassa pas 800,000 livres.

Le premier mouvement de confiance qu'ils obtinrent fut dû aux joueurs, pour lesquels on créa des billets payables en or.

En résumé, la situation était critique, malgré une certaine augmentation dans les produits.

Les dividendes, pour la fin de l'année 1770, furent de 30 livres par action, ou 1 %.

Ils furent de 155 livres par action, ou 5 1/6 % pour l'année entière de 1777.

Une partie du prix des actions était encore due ; les 1,500 actions réservées ne pouvaient se vendre. C'est dans cet état peu florissant que nous trouvons la caisse d'escompte au mois d'avril 1778.

Les principales maisons de banque de Paris se réunirent alors, et vinrent à son secours.

Les 1,500 dernières actions furent souscrites, et l'administration changée encore une fois ; les administrateurs furent portés au nombre de treize.

Un arrêt (du 7 mars 1779) approuva toutes les mesures nouvelles et les autorisa.

Necker était alors contrôleur général ; il concourut de tout son pouvoir à favoriser les progrès de la nouvelle banque.

Bientôt le crédit de l'établissement augmenta, ses billets circulèrent, la marche ascendante de ses bénéfices fut rapide : de 5 1/6 p. % en 1779, ils furent de 6 2/3 p. % en 1780, 7 1/6 p. % en 1781, de 8 p. % en 1782.

Pendant le premier semestre de 1783, la caisse eut en circulation pour plus de 35 millions de billets.

L'acte de société et l'arrêt du conseil qui l'avait homologué, n'avaient aucunement prévu la nécessité d'une réserve métallique. Les directeurs étaient libres de répandre dans le public, au moyen des escomptes, autant de billets qu'ils voudraient en émettre ; la paix de Versailles ayant donné un nouvel essor au commerce, les escomptes augmentèrent considérablement, et la proportion entre les créances exigibles et le capital métallique à la disposition de la caisse, prit un accroissement effrayant.

Lorsque les entrepreneurs trop hardis, effrayés, voulurent se restreindre, et que le nombre des billets en circulation excéda le véritable besoin du commerce, on courut en foule au remboursement. Tout le capital métallique y passa, et, pendant tout le premier trimestre de 1783, la caisse ne réunit pas un seul jour plus de 5 millions d'espèces, qui faisaient le service de plus de sept fois leur valeur.

Le 2 octobre 1783, on dressa un bilan ; l'actif excédait de beaucoup le passif ; mais néanmoins, comme il n'y avait plus en caisse que 158 mille livres et que 42,366,000 livres de billets se trouvaient dans la circulation et venaient tous les jours au remboursement, la banque se trouva dans l'impossibilité de satisfaire à ses engagements.

Le trésor devait 6 millions, mais il ne pouvait les rendre ; l'État était encore plus obéré que la caisse.

Le gouvernement, qui contribuait par son insolvabilité à augmenter la crise de l'établissement, rendit un arrêt qui autorisa le caissier de la caisse d'escompte à payer ceux des porteurs de billets qui ne voudraient pas les laisser dans la circulation, en bons billets et lettres de change sur particuliers, en leur bonifiant l'escompte.

La suspension de paiement fut absolue à partir du 27 septembre 1783 ; mais, par ordre du roi, un commissaire fut chargé de dresser et de rendre public le bilan de la banque, pour rassurer les créanciers.

Le 4 octobre 1783, le gouvernement fit un emprunt en loterie de 24 millions, qui eut un plein succès ; le ministre fit alors payer les 6 millions à la caisse, et les escomptes ayant été ralentis, la circulation des billets tomba bientôt à 28 millions environ.

Dans cette situation (23 novembre), l'arrêt fut levé et les paiements repris.

Les actionnaires s'émurent beaucoup de cette crise ; ils sentirent combien il leur était nécessaire de donner aux porteurs de leurs billets des garanties, en se posant des limites infranchissables ; ils se réunirent en assemblée générale le 22 octobre, pour réviser les statuts fondamentaux de la compagnie. MM. de Talleyrand et

Panchaud furent chargés de proposer un plan à l'assemblée des actionnaires ; leur plan fut adopté et devint la base de la nouvelle organisation.

Le capital de la société fut porté à 15,000,000 et une réserve monétaire fut fixée ; l'article 17 est ainsi conçu :

« Quoiqu'il soit de l'essence de la caisse d'escompte
» de ne mettre en circulation aucun billet dont la caisse
» n'ait reçu la valeur, soit en argent effectif, soit en
» effets pris à l'escompte ; que par conséquent le ca-
» pital ci-dessus énoncé ne soit représentatif d'aucun
» de ses engagements, en même temps qu'il est res-
» ponsable de tout, et qu'ainsi cette masse de res-
» ponsabilité soit plus que suffisante pour constater la
» validité entière des billets, cependant, pour assurer
» que la caisse sera constamment en état de satisfaire
» à l'obligation étroite de payer ses billets à la pré-
» sentation, il y sera toujours gardé un fonds suffisant
» d'espèces effectives, duquel la proportion ne pourra
» jamais être moindre du tiers au quart de la somme
» des billets en circulation. »

La confiance revint complètement ; et, par un retour subit, le public s'enthousiasma de cet établissement ; les actions haussèrent sur l'espérance de bénéfices considérables ; un jeu effréné s'établit sur les dividendes, et, quoiqu'il n'y eût que cinq mille actions, on en vendit sur la place plus de trente mille. On regardait comme des favoris de la fortune ceux qui avaient l'espérance d'avoir une part dans les profits futurs de la banque. On demandait de toutes parts à acheter des actions ; le prix s'en établit sur le dividende présumé, que l'on regardait comme une rente constante. Les propriétaires s'empressèrent de vendre à un taux si exorbitant, et celui qui possédait le matin des actions qu'il avait eues pour 35,000 livres, réalisait le soir un bénéfice de 15,000.

L'agiotage s'étendit sur tous les effets et surtout sur les actions de la banque de S¹-Charles d'Espagne, dirigée alors par M. Cabarus, et qui faisait avec la caisse d'escompte un commerce considérable de piastres.

Ce fut alors que Mirabeau se posa pour la première fois en ennemi acharné de la caisse d'escompte. Toute sa vie il poursuivit la lutte ; elle fut l'occasion de ses plus brillantes improvisations. On regrette néanmoins que, sous les traits de génie qu'il lance, la passion se cache souvent et l'égare. Les haines personnelles agissaient beaucoup sur lui. Cependant un certain sentiment libéral domine dans tous ses écrits. Il a horreur du privilége ; il veut la liberté des transactions ; et lorsqu'il est amené à demander un monopole, ce n'est plus en faveur des billets de confiance, c'est en faveur du papier-monnaie : ce n'est plus en faveur d'un particulier, c'est en faveur de l'état. L'agiotage fut le prétexte de sa première attaque.

« Tel homme, disait-il dans la préface de sa bro-
» chure, qui ne se permettrait pas d'acheter une pièce
» d'étoffe sans la retourner dix fois, se livre pour des
» sommes considérables au jeu d'effets, dont il ne con-
» naît sous aucun rapport ni l'histoire, ni la propriété,
» ni la nature. »

Il essaie ensuite de prouver que les deux banques de Madrid et de Paris ne méritent pas la confiance, que les primes sont exagérées, et qu'il serait bien plus avantageux pour les capitalistes de placer leurs fonds dans les effets publics.

Il terminait par de violentes invectives contre M. Cabarus et M. de la Noraye, l'un des administrateurs de la caisse d'escompte.

Un arrêt du conseil, du 17 juillet 1785, prononça la suppression du livre de Mirabeau ; mais il avait

produit sur le public un effet immense, et avait fait
une foule d'ennemis à la caisse d'escompte.

On supprima la brochure, mais on se soumit à l'o-
pinion générale. Le gouvernement jugea qu'il devait
intervenir pour mettre un terme au commerce des dividendes, et ordonna qu'on ne pourrait en distribuer
que sur les bénéfices déjà réalisés. Un arrêt du conseil
du roi interdit les marchés à terme ou compromis d'effets royaux ou autres quelconques.

Les affaires de la caisse étaient superbes : pour les
premiers mois de 1785, le dividende fut de 190 fr.
par action. Les actionnaires, réunis en assemblée générale, résolurent de former un fonds de réserve qui
devait venir augmenter le capital des actions.

Pour fixer le dividende des semestres courants, on
devait commencer par prélever sur les bénéfices réalisés, après la déduction des frais et de l'escompte,
sur les lettres du portefeuille non rentrées, cinq pour
cent du capital des actions, lequel taux devait servir
de base pour la fixation des dividendes. On devait
ajouter à cette base la moitié de l'excédant des bénéfices. L'autre moitié devait être jointe à la réserve.
Lorsque cette réserve aurait atteint 3,500,000 livres,
2,500,000 livres devaient être joints au capital des actions ; et toutes les fois qu'ensuite les fonds monte-
raient encore à 3,500,000 livres, il devait pareille-
ment en être joints 2,500,000 au capital des actions,
ce qui, chaque fois, les augmenterait de 500 livres.

L'article III ajoutait que dans le cas où les bénéfices réalisés ne suffiraient pas pour porter le dividende
à 5 % du capital des actions, il serait pris sur la réserve de quoi les porter à ce taux.

Ces nouveaux règlements, qui avaient été demandés

à la caisse d'escompte pour mettre un terme à l'agiotage, en donnant aux dividendes une base stable,
furent violemment attaqués par Mirabeau, qui ne vit
là qu'un nouveau moyen de favoriser le jeu

Un actionnaire avait demandé dans l'assemblée générale, lorsqu'on présenta le nouveau règlement, comment on ferait si, dans le cas où les bénéfices ne pouvaient suffire au dividende fixe déterminé par le règlement, et le fonds de réserve se trouvant épuisé en
passant dans le fonds capital permanent, ou de toute
autre manière, il ne resterait pas de quoi former un
dividende.

Rien n'est plus aisé que de résoudre la difficulté,
s'était écrié M. de la Noraye, de la même manière
que des fonds de réserve auront été convertis en capitaux permanents, les capitaux permanents redevien-
dront des fonds de réserve.

« O sublime et profonde théorie, écrit Mirabeau !
» qu'ils seraient nouveaux et intéressants les dévelop-
» pements qui le justifieraient !......... Messieurs vos
» confrères ne les connaissent pas, sans doute, car
» ces capitaux, tout à la fois permanents et non per-
» manents, leur ont paru si difficiles à comprendre,
» qu'à l'instant même ils vous ont désavoués. »

M. de la Noraye avait tort, en effet ; la caisse d'escompte était une commandite, on pouvait bien per-
mettre aux actionnaires d'augmenter le fonds social
qui était la garantie commune des créanciers, mais
il devait être interdit de diminuer leur gage; aussi l'arrêt d'homologation fut-il explicite à cet égard.

« Sa majesté ayant reconnu par le compte qu'elle
» s'est fait rendre de ce règlement, que, d'un côté,
» il présente une base modérée pour le dividende,

» et que, d'un autre côté, par la mise en réserve de
» la moitié des bénéfices excédents, il procure un ac-
» croissement successif au capital des actions, lequel
» dans aucun cas ne pourra être entamé, le supplé-
» ment qui serait nécessaire pour maintenir le taux du
» dividende ne devant jamais être pris que sur ce qui
» restera en réserve, etc. Le roi, étant en son conseil,
» a homologué, etc. »

Quoiqu'il fût fait en vue d'empêcher l'agiotage, ce règlement ne servit qu'à l'activer encore. Cet accroissement de capital formait une sorte de prime ; c'était comme une loterie ; on achetait 5,000 livres dans l'espérance de gagner les 500 qui devaient y être ajoutées ; les actions étaient montées à 8,000 livres. Du reste, les affaires grandissaient tous les jours ; le dividende était, pour l'année 1785, de 13 %, et pour 1786, de 15 %.

Malgré de si beaux bénéfices, les actions baissèrent rapidement au commencement de 1787.

Calonne était alors contrôleur général ; il empruntait, anticipait, rendait des édits avec une facilité que n'avaient jamais euc ses prédécesseurs ; il donnait des pensions, favorisait le luxe et dépensait des sommes énormes pour soutenir les effets publics par l'agiotage ; vivant au jour le jour, sans s'inquiéter de l'avenir, dans lequel il faisait profession d'avoir la plus haute confiance ; il réalisait bien le mot de Louis XV : « Après » nous, le déluge. »

L'argent devenait rare, et, malgré le jeu, les effets royaux tombaient à la bourse, entraînant dans leur chute tous les autres effets. Il fallait néanmoins satisfaire au service ; Calonne s'adressa à la caisse d'escompte.

Il fit convoquer une assemblée générale des actionnaires pour développer, disait-il, des plans qui devaient donner plus de sécurité au public et d'avantages au commerce. Les bases de ce projet étaient : « 1° De » rendre la caisse d'escompte utile à toutes les classes » de citoyens. 2° De faire circuler ses billets dans » toutes les provinces. 3° (et c'était là l'objet impor» tant) de donner un cautionnement de 80,000,000 » qui seraient versés au trésor royal. 4° De subdiviser » davantage les actions de la caisse et de changer la » forme de son administration. »

Cette époque est une des plus importantes à signaler; ce fut à partir de ce moment que la caisse d'escompte entra dans la voie des prêts au gouvernement, et que l'état de ses finances se trouva encore plus intimement lié avec celui des finances du royaume.

On discuta les plans de Calonne, et le résultat des délibérations fut rédigé en forme de demande des actionnaires au roi : un arrêt du conseil du roi donna force de loi à la nouvelle constitution.

Il résulta de cet arrêt que la nouvelle société fut composée de 25,000 actions de 3,000 livres.

Le capital fut ainsi porté à 100 millions, dont 30 millions seulement furent versés en deniers effectifs dans les coffres de la caisse, et 70 au trésor royal par forme et à titre de dépôt et cautionnement des engagements de la caisse d'escompte envers le public. Le garde du trésor royal était chargé de délivrer une quittance de finance de cette somme, portant promesse d'en payer l'intérêt à 5 %, sans retenue, de six mois en six mois. Le roi hypothéquait, pour sûreté de ce cautionnement, spécialement le revenu de ses fermes, et généralement tous ses autres revenus et biens. La réserve exigée par les précédents arrêts fut supprimée, le cautionnement en tenant lieu ; et on laissa aux administrateurs le soin de fixer eux-mêmes la limite de leurs opérations.

Le roi accordait un privilége exclusif de trente années ; mais ce privilége n'eut pas d'effet réel.

Les 70,000,000 furent versés au trésor le 18 juin 1787 ; la hausse reprit son cours, et les anciennes actions furent cotées à la bourse 12,440 livres pendant la fin du mois de juin.

Les six semestres précédents avaient été les plus brillants de la caisse d'escompte ; les papiers pris à l'escompte étaient considérables, les bénéfices extraordinaires, et les actions avaient atteint un prix bien supérieur à leur valeur réelle. Cependant, à la fin de juillet, les porteurs de billets accoururent en foule, et, en quelques jours, 33,000,000 de numéraire sortirent des coffres de la caisse pour le paiement des billets.

Le public fut effrayé, les actionnaires cherchèrent à arrêter le concours. Rien ne semblait, en effet, devoir ébranler la confiance que le public avait dans la solidité de l'établissement ; mais de graves évènements politiques agitaient les esprits. C'était l'époque du ministère de Brienne, de la présentation de l'édit du timbre, du refus d'enregistrement et de l'exil du parlement à Troyes. La révolution approchait ; ses premiers symptômes frappaient les masses d'une crainte vague qui, au moindre évènement, se changeait en panique.

L'assemblée générale des actionnaires fut convoquée pour le 24 août 1787 ; elle nomma des commissaires qui firent leur rapport par l'organe de M. Duclos-Dufrenoy (le 28). L'état de la caisse fut reconnu être

des plus rassurants ; il y avait plus de 45,000,000 de numéraire en réserve, ce qui formait au moins le tiers de la somme des billets alors en circulation. Pour ranimer la confiance, les commissaires proclamèrent, le plus haut qu'ils purent, que les seules rentrées progressives du 24 août au 30 septembre s'élevaient déjà à 72,000,000, et que tous les engagements pouvaient être éteints au 11 octobre ; que ces lettres de change étaient triplement garanties par trois signatures. Les commissaires insistèrent vivement sur ce que le trésor pouvait être contraint de rembourser les 70,000,000 à la seule réquisition de l'administration ; que ces 70,000,000 tenaient à la banque lieu de la réserve dont on l'avait dispensée. « Ils continueraient les paie-
» ments jusqu'à l'épuisement total de leur numéraire ;
» puis, lorsqu'ils l'auraient épuisé, ils se présente-
» raient, l'arrêt du 18 février 1787 à la main, et mon-
» trant à leurs créanciers, porteurs de billets, la quit-
» tance de 70,000,000 du garde du trésor, ils leur
» tiendraient ce langage :

» Le numéraire de la caisse est épuisé, mais ses fa-
» cultés ne le sont point. Non seulement elle possède
» dans son portefeuille des effets commerçables repré-
» sentatifs de tous les billets de caisse en circulation,
» et 30,000,000 au delà ; mais même elle possède et
» il lui appartient, à titre de dépôt et pour cautionne-
» ment des billets de caisse, 70,000,000 qu'elle a ver-
» sés au trésor royal. Refluez donc vers la caisse du tré-
» sor royal, notre débitrice et la vôtre, et forcez ses
» coffres de s'épuiser, comme les nôtres l'ont été, pour
» le paiement des billets dont vous êtes porteur. »

Le ministre fut ému de ce langage. Les finances étaient toujours dans l'état le plus déplorable, et les emprunts en loterie et en viager qui venaient d'être faits, ne faisaient qu'ouvrir davantage le précipice qui se creusait en avant et où tout allait bientôt s'engloutir.

Lorsque les commissaires de la caisse se présentèrent chez le ministre archevêque de Toulouse, ils le trouvèrent prêt à rendre un arrêt de surséance semblable à celui de 1783; ils s'y opposèrent avec fermeté et le forcèrent de faire voiturer les espèces à la caisse d'escompte. Les paiements ne furent pas suspendus; l'effervescence passa vite, l'émotion se calma, et, en quatre jours, la confiance fut rétablie.

La caisse était sortie victorieuse de la lutte; les administrateurs oublièrent leur terreur d'un jour; on voit même, par la facilité de leurs dépenses, qu'ils ne prévoyaient pas la possibilité du retour d'une semblable et plus terrible crise; on achetait pour 450,000 livres l'hôtel de Senozan, et l'on mettait au concours le plan d'un palais superbe pour loger l'administration.

Les administrateurs auraient dû pourtant s'apercevoir jusqu'où était poussée la liaison intime des finances du royaume et de celles de la caisse d'escompte. Le capital de la banque était dans les mains de l'état. Un mot, un édit pouvait à chaque instant, pour parer aux conséquences de la dette, en interdire le remboursement; et, de ce moment, les billets de confiance de la caisse d'escompte se changeaient en véritable papier-monnaie.

La fin du ministère de Brienne fut des plus déplorables. Arrivé au pouvoir par des intrigues, après avoir épuisé sa jeunesse dans les luttes ecclésiastiques, loué dans son diocèse, passant pour politique, et seulement intrigant, il ne fut pas plutôt au ministère, que sa nullité, son incapacité se révélèrent dans tous ses actes.

Après avoir compromis le royaume, les finances et le roi, après avoir fait des emprunts inutiles et fouillé les caisses les plus sacrées, il crut se tirer d'affaire par une banqueroute; il fit rendre un arrêt qu'on ne se donna même pas la peine de mettre en délibération au conseil, et qui déclara que les paiements du trésor ne se feraient plus que deux cinquièmes en numéraire et trois cinquièmes en billets, portant intérêt. Deux jours après, une affiche apposée à la porte de l'hôtel de la caisse d'escompte (18 août 1788) apprit aux administrateurs qu'ils étaient autorisés à payer leurs billets avec les effets du portefeuille.

L'état était sur le penchant de la ruine; on n'osait plus envisager la situation, on craignait de l'approfondir; toute la France attendait. On espérait cependant encore en cet homme qui, le premier, avait pris pour devise : Probité et publicité; en cet homme dont les emprunts se négociaient sur sa parole, comme s'il avait disposé à sa volonté du crédit; qui appelait à lui la confiance, non seulement des français, mais des étrangers eux mêmes; et cependant Necker était soucieux. Lui, qui naguères aspirait à la gloire d'être ministre et d'entrer au conseil, ce n'était qu'en frémissant qu'il songeait à reprendre les rênes du gouvernement. « Que n'ai-je au moins, s'écriait-il, les quinze » mois de Brienne! » Chaque jour marquait un pas fatal. Pourtant à l'horizon pointait une lueur : les états généraux. Ce mot, qui était échappé comme par hazard à l'abbé Sabattier, s'était répété comme par un commun écho.

Le roi s'était engagé, et si l'on peut pardonner quelque chose à Brienne, c'est pour avoir été l'occasion du fameux arrêt qui les convoquait; c'est pour avoir appelé la France entière à s'occuper à l'avance de cette grande et imposante réunion.

La seule arrivée de Necker au pouvoir ranima le crédit presqu'éteint. La caisse d'escompte ne se servit pas du privilége que lui accordait l'arrêt de surséance. L'état l'avait rendu pour lui plus que pour elle : ne pouvant lui fournir les moyens de remplir ses engagements, il l'en avait dispensée.

Il y avait encore plus de 19,000,000 en caisse ; les affaires ne furent pas arrêtées. Les finances du royaume étaient moins florissantes. Necker n'avait trouvé que 400,000 francs au trésor ; les assignations sur les quatre derniers mois de l'année 1788 et les huit premiers de 1789, avaient été négociées, et il ne restait environ que 40,000,000 d'assignations disponibles, payables pendant les quatre derniers mois de 1789.

Necker ayant interdit la création des billets du trésor royal où son prédécesseur avait cru trouver ses dernières ressources, et ne pouvant négocier à aucun prix des assignations qui avaient alors plus de treize mois de terme, s'adressa aux administrateurs de la caisse d'escompte (4 septembre 1788). Il demanda 6 millions dans le mois de septembre, 6 en octobre, 3 en novembre, contre 15 millions de rescriptions à un an de terme.

Necker savait que cette opération était en dehors de celles que les statuts permettaient à la caisse ; il ne demandait pas qu'on lui fît une réponse sur le champ, mais il désirait qu'on délibérât en assemblée d'administration. « Il mettrait, disait-il, sous les yeux du
» roi, le service essentiel que lui rendrait la caisse
» d'escompte si elle consentait à ses propositions, et
» lui demanderait son bon pour garantir, dans tous
» les cas, le paiement des rescriptions. »

Les administrateurs furent étonnés ; mais ils n'avaient le temps ni de réfléchir sur la situation qu'ils se faisaient à eux-mêmes, ni sur celle qu'ils faisaient aux porteurs de leurs billets. Prêter au gouvernement des billets au porteur pour les répandre selon les besoins de son service, c'était assumer sur leurs têtes la responsabilité des évènements futurs ; c'était reculer indéfiniment l'époque du rapport de l'arrêt de sur-séance ; c'était entraîner le gouvernement, qui l'avait rendu peut-être sans l'aveu des administrateurs, à la proroger de même ; c'était, en un mot, s'obliger à recourir au moyen extrême dont pendant la fin du mois on ne s'était pas encore prévalu, à la suspension. La caisse ralentit ses paiements.

Dupont de Nemours fait un grand éloge des administrateurs. « La caisse d'escompte, dit-il, pouvait, » depuis le 18 août 1788, choisir entre deux spécu- » lations : l'une, de cesser les paiements, comme » elle y était autorisée, d'étendre les escomptes à la » faveur de son papier-monnaie et de se procurer par » là des bénéfices qui n'eussent, il est vrai, été que » passagers, qui eussent été immoraux, mais qui » eussent pu être énormes ; l'autre, de cesser l'es- » compte sans pitié, de n'aider ni la patrie en général, » ni aucun de ses concitoyens en particulier.

» Elle n'a pris ni l'un ni l'autre de ces partis ; elle » a ralenti ses paiements sans les discontinuer ; elle a » fait de grandes dépenses pour se procurer des fonds » à cet effet ; elle n'a pas cessé d'aider à la fois le » gouvernement et le commerce. Il faut que ses ad- » ministrateurs aient eu beaucoup de sens, de cou- » rage et de morale ; et les actionnaires qui ont ap- » prouvé leur conduite, doivent avoir part à l'éloge. »

Les propositions de Necker furent donc acceptées ; la délibération fut envoyée au roi qui écrivit au bas, de sa main : « Approuvé la présente délibération, et » M. Necker en témoignera ma satisfaction à MM. les » administrateurs. Signé Louis. »

Le secours que Necker avait demandé et obtenu en arrivant au pouvoir, n'avait été qu'un moyen de pourvoir aux besoins qui avaient paru les plus urgents au ministre ; mais Necker ne pouvait manquer d'être tenté de se procurer de l'argent, en traitant secrètement avec la caisse d'escompte. Brienne s'était ruiné en emprunts qu'on ne négociait pas ; il avait vidé les coffres, volé les invalides et les caisses de secours ; finalement, il avait eu recours à une sorte de banqueroute. Necker vient prendre sa place ; il promet l'abondance, et, en effet, les coffres du trésor se trouvent remplis sans emprunts, sans papier-monnaie, sans qu'on sût d'où venaient tous ces fonds. La gloire était trop facile, le succès trop assuré ; aussi, six semaines s'étaient-elles à peine écoulées, que se trouvant dans le même besoin pressant où il s'était trouvé d'abord, le ministre recourut de nouveau aux administrateurs de la caisse d'escompte, et leur demanda un secours égal au premier ; la demande en fut faite au nom du roi. C'était indispensable, disait le ministre, pour seconder les dispositions que faisait le gouvernement pour la convocation des états généraux.

Quand on est sur une pente, on glisse ; quand on a cédé une fois, comment faire craindre encore une résistance ? Les administrateurs n'osèrent pas refuser, et cependant ils sentaient combien était dangereuse la voie dans laquelle ils s'engageaient. On le voit par leur délibération du 16 octobre 1788.

« A la veille de l'assemblée des notables, à l'approche
» de celle des états-généraux qui doivent établir la con-
» fiance sur des fondements solides, tous les bons ci-
» toyens, disait le conseil d'administration dans sa déli-
» bération, doivent seconder de tout leur pouvoir les
» efforts du gouvernement et ceux du ministre des fi-
» nances pour concourir au bien général. »

La caisse d'escompte est tenue, à cet égard, à des
obligations encore plus étendues par l'influence des
opérations du gouvernement sur les siennes, et la con-
nexité qui existe entre la prospérité de cet établissement et celle des finances de l'état.

« La rareté des espèces et l'augmentation du taux de
» l'intérêt ayant mis plusieurs particuliers accoutumés
» à faire des avances au trésor, dans l'impossibilité de
» les continuer, il en est résulté une diminution considé-
» rable dans les anticipations et une augmentation de
» besoins auxquels il est important de suppléer, afin de
» relever, par une offre moins fréquente, le crédit des
» assignations et rescriptions du trésor royal, crédit si
» fortement atteint par la suspension ordonnée sur une
» portion des effets du même genre.

» Ce but à atteindre est important, non seulement
» pour le gouvernement, mais encore pour tous les gens
» d'affaires, dont les négociations particulières sont en-
» travées par les intérêts élevés que donnent les effets
» publics.

» Dans une circonstance qui ne peut être comparée à
» aucune autre, on ne peut être conduit par les principes
» ordinaires ni suivre les manières accoutumées.

» L'arrêt du 18 août, quoique obtenu sans la partici-
» pation de l'administration de la caisse, ne lui fournit
» pas moins un gage de tranquillité qui lui permet de
» donner un peu plus d'extension à ses opérations.

» Cet arrêt, en diminuant les risques, suspend, en
» quelque façon, les dispositions des règlements, qui
» n'avaient eu d'autre objet que de les prévenir.»

L'administration se trouvant, dans cette occasion
importante, dans l'impossibilité de consulter le vœu
des actionnaires, puisque ce serait compromettre les
intérêts de tous, par une publicité dangereuse, est
réduite à ne prendre conseil que d'elle-même.

Après ce long préambule, les secours demandés
étaient accordés.

Plus les administrateurs cédaient, plus il leur était
difficile de résister à des demandes motivées sur les
mêmes embarras et les mêmes craintes. La loterie
royale avait éprouvé de grandes pertes ; le ministre
proposa à la compagnie d'escompter pour 3,600,000
livres de billets solidaires des administrateurs.

Néanmoins, comme ces opérations étaient tenues
secrètes, ces apparences de ressources dont le ministre avait usé, ranimaient la confiance ; les billets
circulaient et les demandes de remboursement dimi-
nuaient. Il y avait alors 102 millions de billets en circulation, sur lesquels 30 avaient été fournis au trésor ; et, le 1er janvier 1789, il y avait dans les coffres
de la caisse 32,000,000 en numéraire. Des traités pour
20 ou 24,000,000 de livres avaient été passés avec
le correspondant de la banque de St-Charles, qui devait
livrer toutes les matières fabriquées avant le 30 juin.

Le niveau proportionnel entre la réserve et les billets
en circulation se soutenant, les administrateurs purent
espérer de reprendre les paiements à bureau ouvert ;
mais le ministre craignait toujours de jeter dans des
crises financières un établissement qui lui facilitait à
ce point les emprunts. Il crut devoir garder la caisse

d'escompte contre elle-même, et l'arrêt de surséance
du 18 août fut prorogé par arrêt du 29 décembre 1788.

Au commencement de janvier 1789, M. Boscari
proposa aux actionnaires de prêter eux-mêmes, indi-
viduellement, au gouvernement, une somme de 25
millions : ce qui devait s'opérer au moyen d'un versement de 1,000 francs par action. Necker écrivit aux
administrateurs pour les remercier. « Messieurs, dit-
» il, j'ai rendu compte à sa majesté de la délibération
» prise par MM. les actionnaires de la caisse d'escompte
» pour un prêt de 25 millions, à 5 p. %, au moyen
» d'un appel sur leurs actions. Sa majesté a été infi-
» niment sensible à cette résolution et aux louables
» motifs qui l'ont inspirée. Le roi m'a ordonné, mes-
» sieurs, de témoigner à messieurs les actionnaires sa
» satisfaction, et pour m'acquitter envers eux de cette
» commission, je m'adresse à vous, messieurs, qui
» avez leur confiance à si justes titres ; l'empresse-
» ment unanime qu'ils ont montré est utile à l'état et
» louable pour la nation, etc. »

Les administrateurs furent, dans le même temps,
obligés de recevoir en assignations sur la ferme générale le montant des intérêts de leur cautionnement pour
le semestre de juillet, quoique, d'après un arrêt du 18
août 1788, ils eussent droit de s'attendre à du numéraire ; mais pouvaient-ils demander de l'argent, puis-
qu'on s'adressait à eux pour en trouver ? Le 6 avril
1789, nouvelle demande, nouveau secours : la somme
se montait à 10 millions.

La caisse, en échange de ses billets, reçut pour 10
millions de rescriptions, soutenues d'aval de M. du
Rucy, administrateur du trésor royal.

C'était le moment des états généraux, ils s'ouvraient ;

mais les premières discussions, la mésintelligence des ordres séparés, empêchèrent que les finances fussent en rien secourues. Le ministre, qui avait compté sur eux, ne sachant où frapper, se retourna vers la porte qu'on lui ouvrait toujours ; il demanda encore à la caisse d'escompte (15 mai 1789).

Il fit des conditions ; on en demanda d'autres. A cette occasion, il écrivit la lettre suivante, 29 mai 1789.

« Je comptais, MM., aller à Paris cet après midi
» pour vous recevoir ; mais les ordres du roi m'obli-
» gent à rester ici pour assister à une conférence de
» conciliation avec les commissaires des trois ordres ;
» et comme je présume qu'il y aura une seconde con-
» férence demain, et que la plupart d'entre vous, MM.,
» vous absenterez pendant ces fêtes, je prends le parti
» de vous écrire ; et c'est à regret, cependant, que
» je me trouve dans l'impossibilité d'aller vous entre-
» tenir moi-même, car jamais la finance n'a eu d'ob-
» jet plus pressant à traiter. Mais le roi pense lui-même
» que vous ne refuserez pas une proposition qui ap-
» proche de si près de votre offre, et qui, relative-
» ment au moment actuel, est cependant d'une impor-
» tance majeure pour le trésor royal. »

Et plus bas : « Il est impossible, MM., que vous
» vous refusiez à un arrangement qui est devenu in-
» dispensable pour le trésor royal ; vous êtes trop bons
» serviteurs du roi, trop bons citoyens et trop attachés
» aux intérêts dont vous avez la direction, pour vous
» refuser à une proposition qui diffère si peu de l'offre
» que vous m'avez faite..... Tout deviendra facile, je
» l'espère, au moment où les états généraux seront en
» activité ; car la volonté des trois ordres, pour venir au
» secours du roi et de ses finances, n'est aucunement

» douteuse. Pourquoi ne vous occuperiez-vous pas, en
» attendant , d'un plan qui pût remplir vos vues et les
» convenances du roi? Il y a plus que jamais une liai-
» son intime entre les intérêts de la caisse d'escompte
» et ceux du trésor royal , et j'espère que vous n'êtes
» pas indifférents à mes embarras particuliers. Voyez ,
» MM. , la crise des finances , celle des grains , celle
» des états généraux , et sortez-moi d'inquiétude pour
» la partie qui dépend de vous. »

Les administrateurs , effrayés de la situation des finances et des embarras dans lesquels la crise devait les
jeter eux-mêmes , n'osant pas compromettre à la fois
les intérêts de leurs actionnaires et de leurs créanciers ,
ou plutôt voulant se mettre à couvert des reproches à
venir , décidèrent qu'ils prêteraient le secours de 12
millions sur un mot écrit de la main du roi , qui dé-
clarerait le juger indispensable.

Le roi dut céder, et il écrivit de sa main ce qui suit:

« La conduite des administrateurs de la caisse d'es-
» compte me paraît fort sage , et je les remercie de la
» confiance qn'ils me témoignent ; je crois que les cir-
» constances actuelles rendent convenable , sous tous
» les rapports , le nouveau service qui leur a été de-
» mandé par le directeur général de mes finances , et
» je ferai en sorte que leur avance n'excède pas six
» mois. Signé Louis. »

En conséquence , 11,940,000 livres furent prêtées
sur les billets du trésor, soutenus d'assignations sur
les emprunts des pays d'état.

A chaque nouvelle opération , il fallait une sorte de
sanction. Toutes les fois qu'on diminuait , pour la
caisse d'escompte , la possibilité de payer , pouvait-on
faire autrement que de lui en tenir compte , que de la

dédommager ? Et quinze jours après (le 14 juin 1789), parut un nouvel arrêt de surséance , qui prorogea celui du 29 décembre 1788.

Les évènements politiques de la fin du mois de juin et du commencement de juillet , le renvoi de Necker , la surexcitation du public et la révolution qui en fut la suite , occupèrent tous les esprits et laissèrent peu de place aux préoccupations financières. Cependant Necker , rappelé le 29 juillet , se trouva aussi pauvre qu'avant ; il voulut emprunter , mais ses emprunts ne furent pas négociés ; il voulut recourir à la caisse d'escompte , mais le système qu'il avait employé jusqu'alors , le système du secret , devenait impossible depuis la création du comité des finances dans l'assemblée nationale , comité qui avait pris peu à peu la direction générale des affaires , et sans lequel le ministre ne pouvait se hasarder à agir.

Necker avait demandé , avec les dernières instances , 12 millions sur des billets de l'administrateur du trésor royal ; jusqu'à présent , une sollicitation pressante , un mot du roi avait terminé toute l'affaire , et les administrateurs , assurés d'un secret qui compromettait plus encore le ministre qu'eux-mêmes , encouragés par les bénéfices qu'ils faisaient sur de pareils emprunts , avec d'autant plus de facilité qu'ils étaient mis à couvert des demandes trop brusques de remboursements par les arrêts de surséance , avaient cédé après une feinte résistance et sans combat sérieux. Mais la situation avait changé ; à la place d'un ministre dont ils s'assuraient la bonne volonté en favorisant la gloire , ils trouvaient des hommes soupçonneux qui ne leur devaient et ne leur ménageaient rien. Au lieu de l'obscurité , la lumière était mise partout , la publicité remplaçait le secret , et le mécontentement du public se trahissait en motions.

Deux jours auparavant, le 16 septembre, Mirabeau, l'implacable ennemi de la caisse d'escompte, avait proposé à l'assemblée nationale la rétractation de l'arrêt de surséance du mois de juin ; il avait violemment attaqué son administration et fortement blâmé ceux de ses actes qui avaient été portés à la connaissauce du public.

Avant de répondre au vœu du ministre, les administrateurs, effrayés, demandèrent à être mis en rapport avec le comité des douze nommés par l'assemblée pour surveiller les finances. Les députés furent consultés et ils autorisèrent le prêt. Les 12 millions furent donc versés au trésor royal le 26 septembre. Necker venait de proposer à l'assemblée nationale la contribution patriotique du quart du revenu. Il avait demandé dans la séance du 25 septembre qu'on vînt sur le champ au secours des finances ; il avait besoin de 80 à 90 millions pour la fin de l'année et d'une somme pareille pour le commencement de 90. Enfin, il demandait que la caisse d'escompte fût autorisée à l'aider de tout son pouvoir. On fut étonné que Mirabeau, prenant alors la parole, proposât d'adopter pleinement tous les plans du ministre. Les revenus de l'état étaient anéantis, le trésor était vide, la force publique était sans ressort ; c'est demain, c'est aujourd'hui, s'écriait Mirabeau, que l'on a besoin de votre intervention ; il voulait qu'on décrétât de confiance, qu'on s'en rapportât au ministre de façon que, si seul il avait la gloire dans le cas de réussite, seul il aurait la honte, si le succès ne justifiait pas ses idées.

« Votez donc ce subside extraordinaire, disait cet
» homme étonnant, votez-le, parce que si vous avez
» des doutes sur les moyens (doutes vagues et non

» éclaircis), vous n'en avez pas sur sa nécessité, et sur
» notre impuissance à le remplacer immédiatement,
» du moins. Votez-le, parce que les circonstances pu-
» bliques ne souffrent aucun retard, et que nous se-
» rions comptables de tous délais ; gardez-vous de
» demander du temps, le malheur n'en accorde ja-
» mais. Eh ! Messieurs, à propos d'une ridicule mo-
» tion du palais royal, d'une risible insurrection qui
» n'eut jamais d'importance que dans les imaginations
» faibles ou les desseins de quelques hommes de mau-
» vaise foi, vous avez entendu naguères ces mots for-
» cenés :

» Catilina est aux portes de Rome, et l'on délibère !
» Et certes, il n'y avait autour de nous ni Catilina,
» ni périls, ni factions, ni Rome ; mais aujourd'hui
» la banqueroute, la hideuse banqueroute est là ; elle
» menace de consumer, vous, vos propriétés, votre
» honneur, et vous délibérez ! »

Ce discours emporta le décret.

Ce ne fut que le 6 octobre que l'assemblée s'en remit au roi du soin de prendre avec la caisse d'escompte ou avec des compagnies de finances, tels arrangements qui lui paraîtraient convenables, afin de recevoir d'elles des avances sur la contribution patriotique ou sur telles autres valeurs exigibles qui pourraient être délivrées.

Le 5, l'administration avait fourni 6 millions ; et, depuis le décret, elle n'hésita plus jusqu'en novembre à fournir, semaine par semaine, 6 millions sur des billets d'un administrateur du trésor royal. De sorte qu'au 25 novembre 1789, sur 114 millions de billets mis en circulation, 90 avaient été fournis pour le gouvernement.

Ce fut alors que Necker proposa de transformer la caisse d'escompte en banque nationale (16 novembre 1789).

Depuis longtemps les esprits s'occupaient de divers projets de banque nationale : malgré les tristes souvenirs qu'on avait conservé du système de Law, ce n'était, en général, que dans un papier-monnaie qu'on espérait trouver des ressources. Dès le commencement de l'année, un grand nombre de brochures avaient paru. M. Monneron avait proposé une banque par actions, au bénéfice de laquelle l'état participerait pour 10 %, de façon qu'après un certain laps de temps, ces 10 % étant consacrés au rachat des actions, l'état se trouverait propriétaire de tout le capital, et administrerait pour son propre compte.

Dans un projet de caisse nationale présenté à l'assemblée nationale par M. Audibert Caille, ancien consul de France au Maroc, l'auteur demandait qu'on établît une caisse de crédit et de secours, dont le but serait de prêter sur hypothèque des billets remboursables à la présentation, moyennant un intérêt de 3 %. Le change des billets devait se faire contre de l'argent dans toutes les villes, les grands bureaux les prenant au pair et les petits avec 1 % de perte.

Cette banque devait, suivant les calculs de l'auteur, donner un bénéfice annuel de 150 millions, qui appartiendrait à l'état, et servirait à solder la dette et alléger les impôts.

Linguet songeait à assurer le crédit et à organiser l'industrie : fondant une banque qui devait opérer la liquidation de la dette publique et de la caisse d'escompte, il la faisait servir en même temps à ses vues philanthropiques.

Les invalides de l'industrie auraient sur cette caisse des pensions, comme les invalides de l'armée ; 10 % devaient être prélevés sur tous les salaires. Des travaux publics seraient, dans les temps de misère, ordonnés et payés par la banque ; et , pour en faire les fonds , nul mariage , nul baptême et nul testament ne seraient valables , qu'une somme n'ait été préalablement offerte à la banque.

Un autre voulait qu'on créât une banque nationale , où tout propriétaire foncier pourrait emprunter jusqu'à la concurrence du tiers ou du quart de sa propriété, libre et franche de toute hypothèque , en payant, pendant 20, 30 ou 40 années, les intérêts à 4 ou 3 %, auquel terme il se trouverait entièrement libéré.

Reboul Sennebien prétendait fonder sa banque sur le montant de la valeur des biens du clergé et sur une partie des contributions.

Un autre voulait établir une caisse chargée de rembourser en papier-monnaie les créanciers de l'état : « au moyen de quoi, du moment que ce papier sera » passé dans les mains des créanciers de l'État, le roi » sera déchargé vis-à-vis d'eux du service des arré- » rages qu'il leur avait jusques là payés, et deviendra » seulement débiteur envers le bureau du crédit na- » tional des mêmes arrérages , qu'il y fera verser an- » nuellement pendant la révolution de 25 années ; » cet argent sera employé à retirer de la circulation les » papiers du crédit national , et au bout de 25 ans , les » créanciers de l'état auront été remboursés et les pa- » piers retirés. »

Mirabeau introduisit le premier la question dans l'assemblée nationale, 6 novembre 1789. Le numéraire manquait, le discrédit des lettres de change sur Paris devenait de plus en plus alarmant. Bordeaux , Nantes ,

Lyon, donnaient au commerce les plus vives inquiétudes. La cause du mal, s'écriait Mirabeau, était toute dans la caisse d'escompte dont les billets, ayant perdu leur caractère de billets de confiance, ne formaient plus qu'un papier-monnaie déplorable : il ne fallait pas en accuser la misère de l'année, le manque de blés et de farine, mais l'émigration de l'or à l'étranger, qui tenait uniquement, suivant Mirabeau, à l'émission des billets de la caisse d'escompte. Mirabeau proposait que le comité des finances fût chargé de rédiger un plan de banque nationale.

Cependant on savait déjà que Necker travaillait à un vaste projet sur cette matière ; pressé par le comité des finances, il parut à la barre le 16 novembre, et lut le grand mémoire dont nous avons déjà parlé.

Le ministre, exposant l'état des finances, annonça que des dépenses de 89 et du commencement de 90 résultera évidemment un déficit de 170 millions ; que les emprunts étant difficiles et le papier-monnaie dangereux, il proposait de convertir la caisse d'escompte en banque nationale. Elle aurait un privilége de 10, 20 ou 30 ans ; le nombre des administrateurs serait porté à 24 personnes élues par les actionnaires ; 8 ou 10 seraient choisies parmi des gens absolument étrangers aux affaires de finances : (singulière garantie donnée aux esprits soupçonneux de l'époque en haine des banquiers).

La somme totale des billets serait fixée à 240 millions : la nation, par un décret, les garantirait ; ils porteraient un timbre aux armes de France et auraient pour légende : « *Garantie nationale.* » Le timbre serait apposé par des commissaires de l'assemblée nationale, et les billets continueraient à être reçus comme argent comptant.

Le fonds capital de la banque consisterait dans la réserve métallique de la caisse et dans les 70 millions déposés au trésor royal. Le capital actuel, 100 millions, serait augmenté de 50 par la création de 12,500 actions nouvelles.

La banque ayant déjà prêté 70 millions à l'État, lui en prêterait encore 170 ; la nation ne courrait donc aucun danger à garantir les 240 millions de billets qui formeraient une valeur égale à sa propre dette.

« A mes propres yeux, dit Necker, en terminant
» l'exposé de son projet, tout se ressent dans ce plan
» de la désolante nature des circonstances, seul je suis
» confident de ce qu'il m'en coûte pour m'éloigner des
» principes ordinaires d'administration ; je demande
» qu'on en considère les résultats comme une simple
» opinion ; jugez, discutez..... Je n'adopterais point
» que vous vous en rapportassiez à moi de confiance.

» Je n'ai point décliné cette détermination lorsqu'il
» s'agissait d'un simple projet de contribution..... Je
» ne dois pas rester seul à répondre des évènements ;
» c'est assez de vivre d'inquiétude pour chercher le
» bien, c'est assez d'aller en dépérissant sous l'immense fardeau dont je suis continuellement chargé
» sans aucune distraction. »

Les actionnaires de la caisse d'escompte furent convoqués en assemblée générale, pour prendre connaissance du plan que Necker venait de proposer à l'assemblée nationale.

La situation de la caisse d'escompte était tranchée ; elle ne pouvait hésiter dans le parti qu'elle avait à prendre. Elle avait peu à peu perdu son indépendance ; ses billets étaient presque tous émis pour le gouvernement ; son crédit ne servait qu'à l'État, et la honte des arrêts de surséance rendus bien plus pour le ministre que pour elle-même, ne rejaillissait cependant que sur son administration; aussi les actionnaires embrassèrent avec ardeur le plan du ministre. Duclos-Dufrenoy, l'un des administrateurs et *suppléant* à la députation de Paris, avait fait un projet pour rétablir le crédit du gouvernement et de la caisse; son but était de mettre fin à l'arrêt de surséance le 1er mars 1790; de prêter 182 millions à l'Etat, et de payer les arrérages de la dette au moyen d'un emprunt de 182 millions contracté par la caisse, par souscription de 2,000 livres payables par cinquièmes, un mois après la proclamation d'appel.

On .lcherait que cette souscription fût remplie par quelque maison de banque d'Angleterre et de Hollande. Du reste, dans son plan comme dans celui de Necker, la caisse d'escompte devenait caisse nationale; elle opérait les paiements, et se chargeait du service de la dette. Duclos-Dufresnoy se rangea à l'avis de Neckér.

Comme le plan du ministre se rattachait à la question générale, on voulut entendre, avant de commencer la discussion, le rapport du comité chargé de surveiller les finances. M. de Montesquiou le présenta dans la séance du 8 novembre. Sans s'attacher à chercher des moyens de remédier aux déficits existants, il tâcha simplement d'éclaircir la situation, de faire un budget précis des ressources et des dépenses.

Dans ce rapport, M. de Montesquiou s'efforça de prouver qu'il était facile de rétablir l'équilibre entre les dépenses et les recettes par des moyens ordinaires.

Quant aux moyens extraordinaires pour rembourser la dette, il n'en parlait pas; il ne faisait qu'indiquer, en passant, les divers projets mis en avant; la conversion

de la caisse d'escompte en banque nationale, la création d'un papier-monnaie, la vente des biens du clergé.

Le surlendemain, l'ordre du jour appela l'assemblée
à discuter ces diverses questions : ce fut Mirabeau qui
parla le premier. Mirabeau prétendit que le plan du
ministre des finances n'était qu'un palliatif, qu'un remède momentané et insuffisant. — Puisque c'est nous qui
garantissons les billets que la banque nous prête, c'est
donc nous, disait-il, qui nous confierons à nous-mêmes
les soi-disant billets. La banque proposée s'appuie sur
notre crédit et notre crédit porte sur des recettes dési-
gnées; osons donc nous passer d'inutiles intermédiaires.

Comparant ensuite la caisse d'escompte à la banque
d'Angleterre, il croit voir dans l'inviolable secret dont
celle-ci s'enveloppe, secret dont sont dépositaires deux
gouverneurs à vie, toutes les raisons de son succès.

Il n'accorde aucune confiance à l'administration ; il
se refuse à ériger en banque nationale privilégiée un
établissement que quatre arrêts de surséance ont, suivant lui, irrévocablement flétri ; à fonder en sa faveur
un monopole, lorsque tous les priviléges sont abolis ;
à enchaîner les provinces à la capitale ; à confier à une
banque les recettes, le commerce, l'industrie, l'argent, le crédit.

Il conclut au rejet de la proposition. « Je m'arrête,
» disait-il en finissant ; j'en ai dit assez sur cet inta-
» rissable sujet, puisque j'ai prouvé invinciblement
» que la caisse d'escompte, transformée en banque
» nationale, ne peut nous prêter que notre propre
» crédit. »

Dupont de Nemours lui répondit immédiatement. Il
établit quelques principes généraux d'une grande clarté.
La franchise et la hardiesse d'opinion qui respirent dans

ce discours, l'ont fait accuser d'avoir été partisan des premiers arrêts de surséance ; on lui reproche d'avoir prêché la banqueroute. Ce qu'il a voulu dire, c'est qu'une banque ne peut pas s'engager à remplir tous ses engagements à vue, et que cette promesse contient toujours une restriction tacite.

Dans les temps ordinaires, la banque est assurée de payer toujours exactement ses billets à présentation ; mais vienne une crise, un concours général, et il est évident qu'un établissement qui n'a pas le tiers de son capital en numéraire, ne pourra pas payer. Il n'y a rien là de déloyal, tout le monde sait que le capital métallique n'égale pas les créances exigibles ; mais cet inconvénient est tout exceptionnel, et ne doit pas empêcher de profiter des avantages ordinaires qu'une banque peut procurer.

L'orateur développa longuement la théorie du papier-monnaie ; il montra combien étaient absurdes ces plans d'émission de 1, 2 ou 3 milliards d'assignats à répandre dans le public. Il démontra que la circulation était bornée, qu'elle ne s'étendait jamais au delà des besoins du moment, qu'elle ne suppléait pas aux valeurs, qu'elle facilitait seulement les échanges ; que si, par conséquent, on multipliait le papier au delà de ce besoin, il se dépréciait et, comme toute marchandise trop abondante, il tombait bientôt au dessous de sa valeur primitive.

Dupont concluait avec le ministre à la fondation, sur de larges bases, d'une banque nationale ; mais, comme Mirabeau, il se refusait à tout privilége ; il voulait abandonner l'entreprise des banques aux lois de la liberté du commerce.

Un grand nombre de membres demandèrent alors

la parole ; mais comme on se perdait dans la discussion de plans divers et dans l'appréciation des faits, on nomma des commissaires pour vérifier l'état de la caisse d'escompte.

Dans la séance du 3 novembre, une députation de la caisse d'escompte, conduite par Lavoisier, fut introduite devant l'assemblée. Lavoisier porta la parole. Il commença par remercier l'assemblée, au nom de la compagnie de la caisse d'escompte, de ce qu'elle avait bien voulu, en secondant ses désirs, nommer des commissaires pour surveiller ses opérations ; il insista sur la nécessité d'attendre la complète divulgation des faits, avant de porter un jugement définitif sur l'administration. Il finit en donnant l'état actuel du passif et de l'actif de la caisse. La caisse, d'après cet état, ne se trouvait à découvert que de 27 millions, pour le cautionnement desquels elle pouvait présenter les 70 millions déposés au trésor et les 60 millions d'assignations sur la contribution patriotique.

Le 4 décembre, le duc du Châtelet, au nom des commissaires nommés, après avoir pris connaissance de l'état de la caisse, fit un rapport assez favorable à l'établissement. C'est alors que furent rendues publiques les opérations que nous avons rapportées plus haut. Le roi et Necker furent plus compromis encore que les administrateurs. D'ailleurs, on avait besoin de l'établissement ; et, comme le rapport le disait lui-même, le jugement que l'on devait en porter devait être fondé moins sur la sévérité des principes obligatoires dont la banque s'était manifestement écartée, que sur la considération de la nécessité impérieuse des circonstances et des services qu'elle avait rendus et qu'elle rendait encore, par ses avances, à la chose publique.

L'évêque d'Autun, Talleyrand, prenant la parole après la lecture du rapport, développa longuement les dangers qu'il y avait à rendre la nation responsable des opérations d'une banque; il repoussait le plan du ministre des finances. « Je me borne, dit-il, à une seule » remarque qui me semble, il est vrai, décisive. Ce » plan est fondé sur la création d'un papier non con- » versible à volonté en argent, par conséquent sur la » création d'un papier-monnaie ; or, il n'existe pas , » du moins à mon avis, deux idées qui se repoussent » davantage que celle d'un papier-monnaie et celle » d'une banque. » Il proposa donc d'ajourner l'établissement d'une banque nationale, et de rappeler peu à peu la caisse d'escompte à son institution.

Laborde de Méreville insista vivement sur l'impossibilité de rembourser la caisse d'escompte. On ne pouvait le faire qu'avec du papier, et l'on forçait ainsi la caisse d'escompte à une banqueroute totale envers ses créanciers. Il développait et augmentait encore le plan de Necker ; il fondait la caisse d'escompte dans un établissement beaucoup plus vaste, qu'il chargeait de la perception des impôts et du paiement des dépenses.

La Rochefoucauld demanda qu'on discutât sérieusement, avant toute chose, la question de la vente des biens du clergé, et qu'on décrétât l'émission de billets appuyés sur ces biens.

Le 18 décembre, le comité fit un rapport définitif par l'organe de Lecoutteux ; il adoptait, en partie, le plan de Necker. Son projet de décret fut voté par l'assemblée, tel qu'il était présenté, le 19.

Les billets de la caisse d'escompte auraient cours forcé jusqu'au 1er juillet 1790 ; jusqu'à cette époque, elle fournirait 80 millions au trésor royal. L'Etat devait se trouver, au 1er juillet, débiteur d'une somme de 170 millions fournis en billets, et des 70 millions déposés en 1787 à titre de cautionnement.

Le remboursement des 70 millions de cautionnement devait s'effectuer en annuités portant 5 p. % pour l'intérêt, et 3 p. % pour le capital, qui devait être éteint en vingt années.

Les 170 millions devaient être garantis par des assignats portant 5 p. % d'intérêt, et remboursables :

Trente millions en 1790, à raison de 5 millions par mois à partir du 1er juillet, et le reste dans les quatorze mois suivants, à raison de 10 millions par mois.

Mais le 21 du même mois, un autre décret recula jusqu'en 91 les premiers remboursements à faire.

Les actionnaires, qui avaient dû compter sur les 5 millions qu'ils recevraient au jour de la reprise des paiements, s'efforcèrent de se procurer du numéraire pour faire face aux demandes qu'ils prévoyaient d'avance. Ils achetèrent pour 28 millions 600 mille francs de piastres, d'écus d'or et d'argent qu'ils tirèrent d'Espagne, d'Angleterre et des Pays-Bas.

Les administrateurs décidèrent qu'ils emploieraient à ces acquisitions les intérêts résultant des assignats fournis par le gouvernement, et, se résignant de plus en plus à ne plus jouer que le rôle d'intermédiaire entre le gouvernement et les prêteurs, ils restreignirent leur escompte au capital de leur caisse, et au moyen d'un appel de 40 millions, ils retirèrent tous les billets qu'ils avaient émis pour eux-mêmes ; de sorte que la caisse d'escompte, sur 100 millions de capital et 170 millions de billets en circulation, avait 70 millions de son capital déposés au trésor, et tous ses billets émis pour le compte du gouvernement.

La caisse d'escompte, au moyen du numéraire qu'elle achetait, soutenait seule le peu de circulation monétaire qu'il y avait encore. Ses billets, néanmoins, n'étaient pas tous payés à présentation. Avant le 28 novembre, la distribution du numéraire se faisait aux porteurs de billets à mesure qu'ils se présentaient, mais avec une forme assez lente pour qu'il n'en fût pas payé plus de trois cents par jour. Mais l'affluence devenant considérable, et les troubles qui menaçaient sans cesse d'agiter Paris, faisant une nécessité de payer exactement et en métal la solde de la garde nationale, la commune, de concert avec les administrateurs, déclara que 300 billets seulement seraient acquittés par jour, et que ces billets, pour être payés, devraient être désignés par le lieutenant du maire. Les particuliers propriétaires de billets devaient donc écrire à M. Brousse des Faucherets, qui devait leur envoyer l'indication de leur numéro et du jour où ils seraient payés. Il ne désignait que 60 à 80 billets appartenant à des particuliers ; le reste du numéraire devant être distribué pour le service de la commune, des établissements publics et de quelques manufactures. Du 19 décembre au 1er avril, la caisse paya 1,545,100 livres en numéraire.

La situation de l'établissement était alors des plus alarmantes. Placés entre la commune qui exigeait du numéraire, et l'assemblée nationale qui leur retirait les moyens de s'en procurer, les administrateurs se trouvaient dans la position la plus inquiétante.

Le ministre usait largement du crédit qui lui avait été ouvert, et comme le décret portait que les 80 millions seraient payés *d'ici au 1er juillet*, sans indiquer d'époques fixes pour les paiements successifs, Necker recourait à la caisse d'escompte à mesure que les besoins d'argent se faisaient sentir.

On comprenait bien que les ressources imaginées étaient insuffisantes ou illusoires, il fallait frapper un grand coup ; on parlait partout de papier-monnaie ; Necker, qui tout en prévoyant les charges de l'avenir, en craignait peut-être les révolutions, n'était pas partisan de ces mesures exagérées : il voulait vivre au jour le jour. Le 6 mars 1790, il présenta un nouveau mémoire.

Après avoir établi les ressources applicables aux dix derniers mois de 1790, Necker montra qu'elles étaient inférieures à la nécessité des dépenses, et il commença par demander un nouveau crédit de 30 à 40 millions à la caisse d'escompte. Ce nouveau prêt se faisait sans intérêt, à la charge par l'Etat de promettre une prime de 2 p. % à la partie des billets qui serait encore en circulation au 15 juin 1790.

Le ministre demandait en outre que l'assemblée interdît à la caisse d'escompte de faire entrer en compensation, dans les prêts qu'elle devait encore fournir au gouvernement, 15 millions d'effets publics, échéant à des époques éloignées.

Cette dernière clause était motivée sur une difficulté survenue à l'époque du dernier paiement : les 15 millions d'effets publics escomptés par la banque n'entraient pas dans 170 millions dont le prêt avait été décrété par l'assemblée. Les administrateurs de la caisse d'escompte craignaient qu'au 1er juillet, lorsqu'ils auraient versé 170 millions en billets, en échange d'assignations, la dette du gouvernement envers eux ne dépassât néanmoins ces 170 millions, s'il leur restait encore entre les mains quelques effets publics non échus. La discussion de l'assemblée les avait avertis de n'agir qu'avec la dernière prudence dans leurs relations avec le ministre, ils demandèrent donc qu'on leur forçât la main.

A la suite de son mémoire, Necker, cédant à l'opinion générale, développait la nécessité d'une nouvelle création d'assignats ; mais il laissait à l'assemblée le soin d'en déterminer le montant.

Lorsqu'on apprit à Paris que l'on discutait à l'assemblée nationale un nouveau plan de finances, les commerçants inquiets craignirent que, par de nouveaux arrangements, on reculât encore l'époque où les billets de la caisse cesseraient d'avoir un cours forcé, et une députation de la municipalité de Paris vint présenter une pétition, pour supplier l'assemblée de ne point proroger au delà du 1er juillet le délai fixé par le décret du 19 décembre, pour le paiement, à bureau ouvert, des billets de la caisse d'escompte ; de nommer, ainsi que l'administration de la caisse d'escompte le sollicitait elle-même, des commissaires pour surveiller les opérations et pour s'assurer qu'on ne mettait pas en circulation un plus grand nombre de billets que celui qui devait exister, et de faire procéder, le plutôt possible, à la vente des biens domaniaux et ecclésiastiques. L'assemblée, ne voulant pas décréter immédiatement la vente des biens ecclésiastiques, demanda un plan à la municipalité. Bailly, en son nom, proposa de rendre les villes intermédiaires entre la nation et les acheteurs, au moyen d'effets municipaux avec lesquels elles avanceraient à la nation le produit de cette vente. Ce ne fut que le 17 mars, qu'un décret autorisa cette vente des biens du clergé, jusqu'à concurrence de 200 millions. Mais déjà des

assignats avaient été donnés à la caisse, elle pouvait
en avoir négocié, elle avait droit de compter sur les
intérêts qu'on y avait attachés ; et la forme des ventes
ordonnées par le décret du 17 mars ne se conciliant
plus avec les époques indiquées pour les remboursements, il fallut s'occuper de cette matière et des moyens
de pourvoir à la fois à la sécurité des porteurs de ces
assignats et à l'intérêt des actionnaires de la caisse ;
le comité des finances demanda qu'on souscrivît à la
demande que faisait la caisse d'escompte d'être sur-
veillée par l'assemblée ; qu'on nommât, parmi les commissaires désignés pour aviser au choix et à l'estima-
tion des biens qui devaient être aliénés aux municipalités, quelques membres pour prendre connaissance du
nombre d'assignats délivrés à la caisse d'escompte ou
négociés par elle, et pour aviser aux moyens de con-
cilier les intérêts de la caisse d'escompte, ceux des
porteurs de ces billets, et ceux de l'État. (23 mars 1790).

Dans la séance du 9 avril, le comité des finances
présenta son rapport sur les assignats, avec l'assenti-
ment de Necker ; les villes commerçantes avaient toutes
envoyé des adresses pour réclamer la prompte création
des papiers-monnaie. Anson avait conclu à l'émission
d'une valeur de 400 millions, ayant cours forcé et
portant 3 p. % d'intérêt. Après une discussion assez
longue et qui porta principalement sur la question des
intérêts, le décret fut rendu le 15 avril.

Au lieu de 5 p. % d'intérêts par chaque année,
qui étaient attribués aux assignats, à partir du 11
avril, il ne fut plus donné que 3 p. %. « L'assignat
» (art. 71) vaudra chaque jour son principal, plus
» l'intérêt acquis, et on le prendra pour cette somme ;
» le dernier porteur recevra au bout de l'année le

» montant de l'intérêt, qui sera payable à jour fixe
» par la caisse de l'extraordinaire, tant à Paris que
» dans les différentes villes du royaume.

» Les billets qui se trouveront dans les mains de
» l'administration de la caisse d'escompte seront réunis
» à la caisse de l'extraordinaire, pour y être brûlés
» en présence des commissaires de l'assemblée. »

Ce décret supprimait donc l'intérêt de 5 p. % qui
avait été promis à la caisse, et attribuait 3 p. % aux
porteurs. L'administration, qui avait résolu d'employer
aux dépenses du numéraire ce bénéfice qu'on lui retirait, et qui lui avait été accordé comme pour sub-
venir à la charge d'entretenir la circulation monétaire,
et d'ailleurs se trouvant dans l'impossibilité de continuer ses opérations, puisque n'ayant plus un seul billet
en dehors de ceux émis par la nation, il ne devait lui
rester au 1ᵉʳ juillet aucune dette exigible, mais seulement une créance sur l'État, réclama fortement pour
être indemnisée des frais qu'elle avait pu faire.

Elle était résolue de se soumettre de plus en plus
à la surveillance de l'assemblée nationale ; elle n'était
plus régie que par des décrets.

Le 21 avril, un décret défendit de faire dorénavant
aucune émission, qu'elle n'eût été décrétée par l'assemblée. Le 23, on ordonna de verser 20 millions
au trésor.

La caisse d'escompte n'était plus réellement qu'une
branche de l'administration des finances de la France ;
intermédiaire utile, elle fournissait au moins pour le
présent des apparences de ressources ; engagée peu
à peu dans les affaires gouvernementales, peu à peu
soumise aux investigations d'une assemblée soupçon-
neuse et tourmentée du désir de recherches, elle

s'était du moins résignée à son rôle avec une noble
franchise ; toujours prête à obéir aux moindres arrêtés de la commune et aux décrets de l'assemblée
nationale, elle avait, par l'ordre de la première, acheté
du numéraire à grands frais avec les valeurs promises
par la seconde ; et lorsque, privée des ressources sur
lesquelles elle devait compter , elle se trouva réduite
aux siennes propres, elle ne se considéra pas comme
dégagée envers ceux qui s'étaient dégagés d'avec elle ;
elle continua ses opérations jusqu'au moment où elle
s'aperçut de l'impossibilité où elle se trouvait de faire
de nouveaux achats de matières à 16 p. %, pour les re-
vendre à 4. Elle demanda à la nation de prendre l'affaire
pour son compte , à être autorisée à rendre au ministre
des finances un compte de clerc à maître des recettes et
des pertes qu'elle avait dû subir pour le service public
pendant les derniers mois de l'année. L'assemblée nationale qui, le 1er juin encore , avait ordonné un nouveau versement de 20 millions , ne put refuser de recevoir le compte qu'on demandait à rendre , et un décret du 4 juin l'autorisa.

La caisse d'escompte , mettant la nation en ses lieu
et place, lui abandonnant le bénéfice des derniers semestres , réclamait le remboursement des frais et pertes
qu'elle avait faits pour se procurer les matières d'or et
d'argent nécessaires à la distribution journalière d'espèces qu'exigeait d'elle le maintien de la tranquillité
publique, le remboursement des frais d'administration,
et enfin, l'intérêt aux taux usités dans le commerce , de
la totalité des fonds qu'elle aurait consacrés au service
public. Ce compte présenta un solde de 5,041,230,
qui fut réduit par le comité des finances à 4,334,407
francs.

La caisse d'escompte soutenait toujours le service avec son papier. Le 19 juin, 30 millions furent versés au trésor ; quelques jours après, 20 autres.

On était parvenu au 1er juillet, et cependant le numéraire manquait toujours ; il était impossible de satisfaire à l'obligation de payer à bureau ouvert. Un décret autorisa la caisse à faire l'échange des billets contre les assignats destinés à remplacer la monnaie, qui même circulèrent sans porter d'intérêt à partir du 6 octobre.

La caisse d'escompte, réduite à son capital réel, n'ayant plus la faculté qui lui était donnée autrefois de répandre des billets de crédit pour satisfaire à ses escomptes, dut les ralentir considérablement. Elle continuait à fournir au service du trésor, qui vivait au jour le jour. On payait tant qu'il y avait de l'argent en caisse, et, lorsqu'elle était vide, un décret de l'assemblée la remplissait des billets de la caisse d'escompte. Mirabeau, l'aîné, appuyait la création de 18 à 19 millions d'assignats, sans intérêts ; il voulait en venir à ce papier-monnaie, qu'on avait tant essayé de retarder. Necker ne put approuver le plan du comité des finances : abreuvé de dégoût et d'humiliations, il se retira définitivement.

Le trésor était encore une fois vide. Le 6 septembre, M. Laborde annonça qu'il venait de recevoir une lettre du garde du trésor, qui était dans une telle pénurie, que le soir on ne pouvait pas payer ; une remise de billets de la caisse d'escompte vint le tirer d'affaire.

Plus l'argent devenait rare, plus on avait besoin de billets de caisse ; et les billets de caisse augmentaient encore la rareté de l'argent. On criait à l'accaparement, on dénonçait des complots, des bandes qui entouraient les abords de la caisse ; des gens qui, les poches pleines d'argent, achetaient des objets de peu de valeur avec des billets, pour se faire rendre l'appoint en argent ; on se plaignait que, pour toucher de petites parties de rentes de 20 ou 30 livres, on fût forcé de donner 175 livres en argent et de recevoir alors un billet de caisse. On sollicitait, on pétitionnait contre les accapareurs d'argent, de même qu'on avait fait contre les accapareurs de blé.

Il n'y avait plus d'argent, parce que l'argent est une valeur réelle, et que cette valeur avait été consommée. Ce n'était pas la monnaie qui manquait, c'était sa valeur. Il n'y avait plus d'argent, parce qu'on l'avait consommé sous forme de blé, sous forme de marchandises ; et l'État était pauvre, parce qu'il n'avait pas su se contenter de ses ressources ordinaires.

Les négociants de Paris écrivirent à l'assemblée (14 septembre) ; la gêne était générale ; il n'y avait qu'un remède, disaient-ils, c'était dans une émission de 30 millions de billets, non pour le service du Gouvernement, mais pour celui de l'escompte.

Les administrateurs ne demandèrent pas mieux que de reprendre quelqu'affaire. Le comité des finances fit un rapport conforme à la demande du commerce, et la caisse d'escompte fut autorisée à mettre en émission, pour son propre compte, une somme de 30 millions en billets de caisse de 300 et de 200 livres.

Dans le même temps, on venait de décréter celle de 12 millions d'assignats. On se résolvait à se passer de l'intermédiaire de la caisse d'escompte et de créer, pour cet objet, une caisse de l'extraordinaire.

La caisse d'escompte, devenue inutile, fut bientôt à charge ; ses billets, dont on n'avait plus besoin, firent une concurrence fâcheuse aux assignats, auxquels on préférait toujours les billets de la caisse d'escompte. Au commencement de 1791, la confiance s'était rattachée à l'établissement et les actions avaient monté. L'escompte ayant repris un peu, les bénéfices du premier semestre de 1791 furent de 2 1/2 p. %.

Le 19 février, Montesquiou, au nom du comité des finances, présenta l'état des dépenses et des emprunts faits, depuis 1789, à la caisse :

Fin de 1789 et premiers mois de 1790. 170 millions.

Avril................	20
Mai................	22
Juin	45
Juillet.............	48
Août......	40
Septembre	40
29 Octobre............	15
Total.....	400 millions.

Le 30 octobre, la caisse de l'extraordinaire était entrée en fonctions.

Le 1er mai 1791, il restait encore 51,566,200 livres de billets ; 348,433,800 avaient été échangés contre des assignats.

La caisse de l'extraordinaire, destinée à l'émission directe des assignats, fit le service que la caisse d'escompte avait fait jusqu'à ce jour. Lorsque le trésor était vide, au lieu de s'adresser à la caisse d'escompte et de lui prendre ses billets contre des assignats, c'était maintenant au caissier de l'extraordinaire qu'on avait recours, et il fournissait, pour être livrés au public, les assignats décrétés par la convention.

Privée des affaires qui faisaient son commerce habituel, la caisse d'escompte chercha de nouvelles branches ; modifiant ses statuts, qui la maintenaient dans de trop étroites limites, elle se donna la facilité de prêter sur les effets publics et, en général, sur tous les effets au porteur. Pendant les années 1791 et 1792, elle fut presqu'entièrement renfermée dans ses affaires particulières.

Les comptes courants qui, en 1791, montaient à 7 millions, furent portés à 15 et 18 millions en 1792.

Le second semestre de 1792 se ressentit des lois violentes que décréta la convention. Cambon dirigeait alors toutes les affaires de finance ; il poursuivit toujours avec acharnement les valeurs aux porteurs. Les gouvernements tyranniques, qu'ils se donnent les titres de monarchique ou de démocratique, cherchent toujours à s'attacher les citoyens par la nécessité plutôt que par l'affection ; ils favorisent les établissements stables qui ne permettent pas aux particuliers de se soustraire à l'action du pouvoir ; ils ont une haine violente contre les valeurs au porteur, au moyen desquelles un homme peut se cacher pour un temps avec sa fortune, et reparaître ensuite. La facilité des accaparements, dont le nom a toujours été l'épouvantail de la révolution, accaparements de blés, accaparements de numéraire, accaparements de biens nationaux, cette facilité était rendue plus grande encore par les valeurs au porteur ; en outre, elles se prêtent à l'agiotage.

Cambon voulait au moins en réglementer l'usage ; le droit de créer des représentations de valeurs au porteur pouvait, comme tout autre, former l'objet d'un monopole. Cambon voulait assurer ce monopole à l'État ; il voulait que les assignats fussent les seuls papiers, les seuls agents de la circulation, comprenant bien que si les agents de la circulation se multipliaient outre mesure, ils perdraient bientôt dans les échanges une partie de leur valeur primitive.

Il fit rendre successivement deux lois dont nous allons rendre compte : la première sur les actions, la seconde sur les billets au porteur.

Les actions au porteur furent soumises à un droit d'enregistrement fort élevé ; leur cession, également frappée de droit, fut assujettie à une sorte d'enregistrement qui rendit illusoire leur titre d'actions au porteur.

L'article 13 de la même loi (du 27 août 1792), autorisait les compagnies qui avaient émis des actions au porteur à les retirer de la circulation. Aussi, les actionnaires de la caisse d'escompte, réunis le 25 octobre 1792 en assemblée générale, arrêtèrent que toutes les actions seraient retirées et annulées, et, converties en inscriptions sur les livres de l'établissement, elles ne pouvaient être transférées que par les propriétaires eux-mêmes ou leurs fondés de pouvoir. Les actions cessaient ainsi d'être au porteur ; les propriétaires étaient obligés de se faire reconnaître ; des doubles registres furent ouverts pour cet objet pendant le mois de novembre.

L'autre loi avait rapport aux billets de confiance ; ce fut encore Cambon qui fit passer le décret. La municipalité avait émis un grand nombre de petits billets d'une valeur moindre que 25 livres, sous les noms de billets de confiance, de secours, billets patriotiques. Des compagnies les avaient imités. La caisse d'escompte s'en était abstenue ; plusieurs fois la proposition en avait été faite à son conseil d'administration, vers la fin de 1791, mais elle l'avait toujours rejetée.

D'autres banquiers avaient été plus hardis : MM. Monneron, sous le nom de médailles, avaient introduit dans la circulation des pièces de cuivre d'une valeur nominale inférieure à celle qu'elles avaient réellement ; il en était résulté une grande confusion dans la petite circulation monétaire. La convention, craignant alors qu'une banqueroute des compagnies ou particuliers ne mît à sa charge tous les papiers représentatifs de ces petites valeurs, les supprima par un décret. Quoique cette loi ne fût rendue qu'en vue des petits billets, néanmoins Cambon y mêla quelques dispositions générales relatives aux billets au porteur, après avoir ordonné aux municipalités, compagnies et particuliers de retirer de la circulation les billets qu'ils auraient émis d'une valeur inférieure à 25 livres, et leur en avoir interdit toute nouvelle émission. L'article 21 était ainsi conçu :

« A compter du 1er janvier prochain, c'est-à-dire,
» du 1er janvier 1793, il ne pourra plus rester en cir-
» culation, dans toute la république, aucun billet au
» porteur, à vue, de quelque somme qu'il soit. »

« Article 22. A compter de la publication du pré-
» sent décret, il est défendu aux corps administratifs
» et municipaux, et aux particuliers et compagnies,
» de souscrire ni d'émettre aucun billet au porteur. »

En présence de cette loi, la caisse d'escompte dut retirer ses billets. De 65 millions, la circulation tomba, au mois de décembre 1792, à 8 millions.

La caisse d'escompte devenait de plus en plus une banque de dépôt. Les comptes courants étaient montés à 28 millions ; les billets continuaient à être retirés ; au mois de mai 1793, il n'en restait plus en circulation que pour 2,608,610. Il n'y avait pas un seul écu, en numéraire, en caisse. Toutes les opérations se faisaient au moyen d'assignats; les profits industriels ne passaient pas 1/2 p. % du capital des actions par an ; le reste des dividendes était fourni par les annuités du gouvernement. Toutes les affaires étaient en stagnation ; l'anarchie était à son comble. Plusieurs administrateurs furent arrêtés et périrent sur l'échafaud ; Lavoisier, Vandernier et d'autres.

Le torrent entraînait tout ; il n'y avait plus moyen de résister. L'esprit de réglementation envahissait de plus en plus l'assemblée ; ce fut encore Cambon qui fit rendre l'arrêt de suppression.

Il était ainsi conçu :

« Les compagnies connues sous le nom de caisse d'es-
» compte, compagnie d'assurances à vie, et généra-
» lement toutes celles dont le fonds capital repose
» sur des actions au porteur, ou sur des effets négo-
» ciables, ou sur des inscriptions sur un livre, trans-
» missibles à volonté, sont supprimées. »

Les actionnaires voulurent résister, ils ne le purent ; ils supplièrent qu'on leur permît de changer la forme de leur association de manière à la faire rentrer dans celles que la loi autorisait encore; mais c'était à la caisse d'escompte qu'on en voulait : il fallait qu'elle pérît.

Le directeur dut s'occuper de la liquidation.

Cette liquidation fut longue et difficile. M. Laffon-Ladebat, qui l'avait commencée en 1793, deux fois déporté, ne put l'achever que sous l'empire.

Les actionnaires perdirent une grande partie de leurs fonds.

C'est ainsi que finit violemment un établissement qui, pendant 17 ans, fut le sujet des discussions les plus violentes et des écrits les plus contradictoires.

Les crises que traversa la caisse d'escompte dérivent plus des circonstances politiques que des fautes de son administration.

Elles montrent combien il est difficile d'asseoir une banque sur des bases assez solides, pour que le Gouvernement ne l'entraîne pas dans le discrédit qu'il éprouve.

Néanmoins, le secret, qui était alors le mobile de ces établissements, a fait place à la publicité, qui est aujourd'hui la source de la confiance ; et la publicité des opérations de banque, jointe à celle des opérations du Gouvernement, garantissent l'avenir contre de semblables erreurs.

Paris, Janvier 1848.

REIMS. — P. REGNIER, IMPRIMEUR DE L'ACADÉMIE.